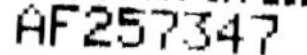

DÉCRET DU 27 MARS 1893

Portant règlement d'administration publique sur la comptabilité des fabriques.

(Publié au *Journal officiel* du 28 mars 1893.)

LE PRÉSIDENT DE LA RÉPUBLIQUE FRANÇAISE,

Sur le rapport du Ministre de l'Instruction publique, des Beaux-Arts et des Cultes;

Vu l'article 78 de la loi du 26 janvier 1892 ainsi conçu : « A partir du 1ᵉʳ janvier 1893, les comptes et budgets des Fabriques et Consistoires seront soumis à toutes les règles de la comptabilité des autres établissements publics. Un règlement d'administration publique déterminera les conditions d'application de cette mesure »;

Vu le décret du 30 décembre 1809 et l'ordonnance du 12 janvier 1825;

Vu le décret du 23 prairial an XII et le décret du 18 mai 1806 (art. 8);

Vu la loi municipale du 5 avril 1884, en particulier les articles 70, 136, 164 et 168, n° 5, et, en ce qui concerne la ville de Paris, les lois des 18 juillet 1837 et 24 juillet 1867 maintenues en vigueur par la loi du 5 avril 1884;

Vu le décret du 31 mai 1862 portant règlement général sur la comptabilité publique;

Le Conseil d'État entendu,

DÉCRÈTE :

CHAPITRE PREMIER.

Des comptables de Fabriques paroissiales.

ARTICLE PREMIER.

Les comptables des deniers des Fabriques sont soumis aux mêmes obligations que les comptables des deniers des Hospices et Bureaux de bienfaisance. Les dispositions des lois, décrets et ordonnances concernant les obligations de ces rece-

veurs et les responsabilités qui s'y rattachent, en particulier celles de l'arrêté
consulaire du 19 vendémiaire an XII relatives au recouvrement des revenus et à
la conservation des droits, sont applicables aux comptables des fabriques, sous la
réserve des modifications résultant du présent décret.

Art. 2.

Le comptable de la Fabrique est chargé seul et sous sa responsabilité de faire
toutes diligences pour assurer la rentrée des sommes dues à cet établissement,
ainsi que d'acquitter les dépenses mandatées par le président du bureau des mar-
guilliers jusqu'à concurrence des crédits régulièrement ouverts.

Art. 3.

Toutefois, les oblations et les droits perçus à l'occasion des cérémonies du culte,
conformément aux tarifs légalement approuvés, peuvent être reçus par le curé ou
desservant, ou par l'ecclésiastique par lui délégué, moyennant la délivrance aux
parties d'une quittance détachée d'un registre à souche, et à la charge de verse-
ment au comptable de la Fabrique tous les mois, et plus fréquemment s'il en est
ainsi décidé par l'Évêque.

Ce versement est effectué tant en deniers qu'en quittances, d'après la réparti-
tion prévue auxdits tarifs, et constatée au moyen d'un état dressé par le curé ou
desservant et approuvé par le président du bureau des marguilliers.

Le produit des quêtes faites au profit de la Fabrique est, quand il n'est pas
versé dans un tronc spécial, encaissé, au moins une fois par mois, par le comp-
table de la Fabrique. Il est produit au comptable à l'appui de ces encaissements
des états constatant, immédiatement après chaque quête, la reconnaissance des
fonds et revêtus de la signature des quêteurs; ces états sont certifiés sincères et
véritables par le président du bureau des marguilliers.

Le produit de la location des bancs et chaises, lorsqu'elle n'est pas affermée,
est encaissé par le comptable de la Fabrique sur le vu d'états certifiés par le pré-
sident du bureau.

Art. 4.

Lorsque les fonctions de comptable de la Fabrique sont remplies par un rece-
veur spécial ou par un percepteur, le marguillier-trésorier peut être chargé, à titre
de régisseur et à charge de rapporter dans le mois au comptable de la fabrique
les acquits des créanciers réels et les pièces justificatives, de payer, au moyen
d'avances mises à sa disposition sur mandats du président du bureau, les menues
dépenses de la célébration du culte. La quotité de ces avances et la liste des
menues dépenses seront arrêtées par les règlements prévus à l'article 29 ci-après.
Dans ce cas, le marguillier-trésorier peut également être chargé, comme intermé-

diaire, de payer sur émargements les traitements et salaires des vicaires, prêtres attachés, officiers et attachés de l'église.

ART. 5.

Les fonctions de comptable de la Fabrique sont remplies par les trésoriers de ces établissements tels qu'ils sont institués par le décret du 30 décembre 1809.

En cas de refus du trésorier, elles peuvent être confiées par le Conseil de fabrique à une personne désignée en dehors du Conseil et qui prend le titre de receveur spécial de la Fabrique. Le même receveur spécial ne peut gérer les services de Fabriques appartenant à des cantons différents.

A défaut du trésorier et d'un receveur spécial, les fonctions de comptable de la Fabrique sont remplies par le percepteur de la réunion dans laquelle est située l'église paroissiale, et, dans les villes divisées en plusieurs arrondissements de perception, par le percepteur désigné par le Ministre des Finances.

Dans tous les cas, les comptables des Fabriques sont soumis aux vérifications de l'Inspection générale des finances.

ART. 6.

Lorsque les fonctions de comptable de Fabrique sont confiées à un receveur spécial ou à un percepteur, le trésorier de la Fabrique cesse d'être soumis aux obligations dont le comptable demeure exclusivement chargé, mais il conserve toutes les autres attributions qui sont dévolues au marguillier-trésorier par le décret de 1809.

La gestion du comptable de Fabrique est placée sous la surveillance et la responsabilité du receveur des finances de l'arrondissement quand les fonctions de comptable sont remplies par un percepteur.

ART. 7.

Les Conseils de Fabrique peuvent toujours décider que la gestion de leurs deniers qui se trouverait confiée à un percepteur sera remise à un receveur spécial. Ils peuvent de même décider que la gestion qui serait confiée à un receveur spécial ou à un percepteur sera remise au marguillier-trésorier. Les délibérations qu'ils peuvent prendre dans ces deux cas ne sont exécutoires qu'en fin d'année ou de gestion.

Les trésoriers et receveurs spéciaux qui seraient régulièrement constitués en déficit ou déclarés en état de faillite ou de liquidation judiciaire peuvent être relevés de leurs fonctions de comptable par le Conseil de Fabrique ou, à défaut, par le Ministre des Cultes. Ils peuvent l'être par le Ministre des Cultes pour l'une des causes ci-après : 1° condamnation à une peine afflictive et infamante ; 2° condamnation à une peine correctionnelle pour délits prévus par les articles 379 à 408 du

Code pénal; 3° condamnation à une peine correctionnelle d'emprisonnement, et 4°, s'il s'agit d'officiers publics ou ministériels, destitution par jugement ou révocation par mesure disciplinaire.

Art. 8.

L'article 18 du décret du 31 mai 1862, relatif à l'incompatibilité des fonctions de comptable avec l'exercice d'une profession, d'un commerce ou d'une industrie quelconque, n'est pas applicable aux trésoriers et aux receveurs spéciaux de Fabriques.

Art. 9.

Lorsque le trésorier de la Fabrique n'est pas chargé des fonctions de comptable et lorsque la fabrique n'a pas désigné un receveur spécial, le préfet assure, de concert avec le trésorier-payeur général, la remise du service au percepteur des contributions directes.

Pour l'exécution de cette disposition, le Préfet reçoit de l'Évêque, avant le 1er octobre de chaque année, l'état nominatif des trésoriers-receveurs et des receveurs spéciaux appelés à assurer la gestion des deniers des Fabriques pendant l'année suivante. Il fait appel au concours des percepteurs pour toutes les Fabriques non portées sur cet état.

Art. 10.

Lorsque les fonctions de comptable de fabrique sont remplies par un percepteur, les titres de recettes, les budgets, chapitres additionnels et autorisations spéciales de dépenses lui sont transmis par l'intermédiaire de l'Évêque, du Préfet et du Receveur de finances.

Art. 11.

Lorsque les fonctions de comptable de la Fabrique sont remplies par un receveur spécial ou par un percepteur, tous les fonds et valeurs de la Fabrique lui sont remis sans qu'il y ait lieu à l'application des articles 50 et 51 du décret du 30 décembre 1809.

Art. 12.

Le comptable de la Fabrique assiste à toutes les levées de troncs, sans exception, et il en est dressé procès-verbal par les marguilliers.

Quand les fonctions de comptable sont remplies par un percepteur résidant hors de la paroisse, les levées de troncs n'ont lieu que les jours de tournée de recette de ce comptable.

Quand les fonctions de comptable sont remplies par un percepteur ou par un receveur spécial, les troncs sont fermés par deux serrures ; l'une des clefs demeure entre les mains du président du bureau, l'autre entre les mains du comptable. Lorsque ces fonctions sont remplies par le trésorier-marguillier, il n'est pas dérogé aux dispositions de l'article 51 du décret du 30 décembre 1809.

Art. 13.

La situation au 31 décembre et en fin de gestion des valeurs de caisse et de portefeuille des comptables des Fabriques, lorsque ces fonctions ne sont pas exercées par un percepteur, est constatée par procès-verbal du bureau des marguilliers.

Le bureau des marguilliers peut, à toute époque, vérifier la situation de caisse et de portefeuille du trésorier et du receveur spécial, sans préjudice du droit que tient l'Évêque, au regard seulement du marguillier-trésorier, de l'article 87 du décret du 30 décembre 1809.

Art. 14.

Lorsque les fonctions de comptable de Fabrique sont remplies par un percepteur, cet agent a droit à des remises calculées d'après les recettes ordinaires et extraordinaires réalisées pendant l'exercice, et sur les bases suivantes :

Sur les premiers 5,000 francs, à raison de.	4f » o/o
Sur les 25,000 francs suivants.	3 » o/o
Sur les 70,000 francs suivants.	1 50 o/o
Sur les 100,000 francs suivants jusqu'à 1 million.	» 66 o/o
Au delà de 1 million de francs.	» 24 o/o

Les remises ainsi calculées sont prélevées par le percepteur au vu de décomptes dressés par lui, certifiés exacts par le receveur des finances et mandatés par l'ordonnateur.

Lorsque les fonctions de comptable sont confiées à un receveur spécial, les allocations que peut lui accorder le Conseil de Fabrique ne sauraient être supérieures à celles auxquelles aura droit un percepteur.

En cas de refus de mandatement des remises ou allocations prévues au présent article, il est statué par décision exécutoire du Ministre des Cultes.

Art. 15.

Les trésoriers-marguilliers ne sont pas astreints au versement d'un cautionnement.

Les receveurs spéciaux et les percepteurs-receveurs sont astreints à fournir des cautionnements en numéraire ou en rentes sur l'État fixés à trois fois le montant des émoluments prévus pour les percepteurs par l'article précédent. Le cautionnement du receveur spécial d'une Fabrique ne peut être inférieur à 100 francs.

Lorsqu'un percepteur remplit les fonctions de comptable pour une ou plusieurs Fabriques, il n'est astreint, à ce titre, à un supplément de cautionnement que si ce supplément, calculé conformément aux dispositions du précédent paragraphe, dépasse 1,000 francs. Dans tous les cas, le cautionnement qu'un percepteur a versé au Trésor en qualité de comptable des deniers de l'État, des communes et des établissements de bienfaisance, répond subsidiairement de sa gestion des deniers de Fabriques.

Art. 16.

Les trésoriers-marguilliers des Fabriques remplissent les fonctions de comptable et les receveurs spéciaux de ces établissements prêtent devant les Conseils de Fabrique le serment professionnel des comptables publics.

Les percepteurs ne prêtent point de serment spécial lorsqu'ils sont appelés à remplir les fonctions de comptables de Fabriques.

Art. 17.

L'hypothèque légale n'est inscrite sur les biens des comptables de deniers des Fabriques que si cette inscription est autorisée par une décision spéciale du juge de leurs comptes et seulement dans les cas de gestions occultes, condamnations à l'amende pour retards dans la présentation des comptes, malversations, débets avoués ou résultant du jugement des comptes.

Cette hypothèque est inscrite, conformément aux dispositions des articles 2121 et 2122 du Code civil, sur tous les biens présents et à venir de ces comptables et sous réserve du droit du juge des comptes de prononcer sur les demandes en réduction ou translation formées par ses justiciables.

CHAPITRE II.

Des Budgets et des Comptes des Fabriques paroissiales.

Art. 18.

Le budget des Fabriques est divisé en budget ordinaire et budget extraordinaire. Ce dernier comprend la recette et l'emploi des capitaux provenant de dons et legs, d'emprunts, d'aliénations et de remboursements, de coupes extraordinaires de bois et de toutes autres ressources exceptionnelles.

Art. 19.

Le budget est voté à la session de *Quasimodo* prévue par l'Ordonnance du

12 janvier 1825; à la même session sont votés les chapitres additionnels correspondant à l'exercice en cours.

Art. 20.

La durée des périodes complémentaires de l'exercice s'étend jusqu'au 1er mars pour l'ordonnancement et jusqu'au 15 mars pour le recouvrement et le payement.

Art. 21.

Les fonds libres des Fabriques sont versés en compte courant au Trésor public, et ils sont productifs d'intérêts dans les mêmes conditions que les fonds des établissements de bienfaisance.

Art. 22.

Les deniers des Fabriques sont insaisissables et aucune opposition ne peut être pratiquée par leurs créanciers sur les sommes dues à ces établissements, sauf aux créanciers porteurs de titres exécutoires, à défaut de décision épiscopale de nature à leur assurer payement, à se pourvoir devant le Ministre des Cultes à fin d'inscription d'office. La décision du Ministre des Cultes est communiquée à l'Évêque, qui règle le budget en conséquence de cette décision. Si l'Évêque ne règle pas le budget dans un délai de deux mois à partir de cette communication, ou s'il ne tient pas compte de la décision du Ministre, le budget est définitivement réglé par décret en Conseil d'État. En cas de refus d'ordonnancement, il est prononcé par le Ministre des Cultes et l'arrêté ministériel tient lieu de mandat.

Art. 23.

Les oppositions sur les sommes dues par les Fabriques sont pratiquées entre les mains du trésorier tel qu'il est institué par le décret de 1809, lequel vise l'original de l'exploit et déclare à cette occasion, sous sa responsabilité, s'il exerce effectivement les fonctions de comptable ou si elles sont confiées à un autre agent qu'il est tenu de désigner. Dans ce dernier cas, les oppositions sont signifiées à ce comptable par les soins des créanciers opposants.

Art. 24.

Les comptes des ordonnateurs et des comptables des Fabriques sont présentés, avec la distinction des gestions et des exercices, dans la même forme que les comptes des établissements de bienfaisance.

Les opérations relatives aux oblations perçues en vertu de tarifs que prévoit le deuxième paragraphe de l'article 2 du présent décret sont décrites comme opérations hors budget. Il est fait recette au budget de la partie des oblations revenant à la Fabrique.

Art. 25.

Le Conseil de Fabrique délibère dans sa session de *Quasimodo* et avant le vote du budget sur les comptes de l'ordonnateur et du comptable.

L'ordonnateur et le comptable, dans le cas où celui-ci fait partie de la Fabrique, se retirent au moment du vote sur leurs comptes.

L'approbation par le Conseil du compte de l'ordonnateur est accompagnée de la déclaration dudit conseil qu'il n'existe à sa connaissance aucune recette de la fabrique autre que celles mentionnées au compte.

Art. 26.

Les comptes des comptables des Fabriques sont jugés et apurés par les Conseils de préfecture ou par la Cour des comptes, selon les distinctions applicables aux comptes des établissements de bienfaisance.

En cas de retard dans la présentation des comptes, il peut être pourvu à leur reddition par l'institution de commis d'office nommés par le Préfet, mais seulement après que le retard a donné lieu à condamnation à l'amende par le juge des comptes.

CHAPITRE III.

Des comptables, budgets et comptes des Fabriques métropolitaines et cathédrales.

Art. 27.

Les dispositions du présent décret sont applicables aux Fabriques des églises métropolitaines et cathédrales.

Les comptes de ces Fabriques sont jugés par la Cour des comptes, quel que soit le montant des revenus ordinaires.

CHAPITRE IV.

Des comptables, budgets et comptes des syndicats pour le service des pompes funèbres.

Art. 28.

Les règles de comptabilité édictées par le présent décret sont applicables aux Syndicats institués par décrets pour le service des pompes funèbres.

CHAPITRE V.

Dispositions diverses et transitoires.

La forme des budgets et des comptes des Fabriques et des Syndicats pour le service des pompes funèbres, ainsi que la nomenclature des pièces à produire par les comptables et, en général, les mesures d'exécution du présent décret, seront déterminées par des règlements arrêtés de concert par les Ministres des Cultes et des Finances.

Les nomenclatures des pièces justificatives actuellement en vigueur pour le service des établissements municipaux de bienfaisance seront provisoirement applicables à la comptabilité des Fabriques et Syndicats, jusqu'à la promulgation des règlements prévus au précédent paragraphe.

Il sera statué par une décision concertée des Ministres des Cultes et des Finances sur la fixation provisoire des cautionnements.

ART. 30.

Les dispositions du présent décret sont applicables aux budgets délibérés par les Fabriques et Syndicats en 1893 et aux comptes rendus pour l'exécution de ces budgets.

ART. 31.

Un déeret spécial déterminera les conditions dans lesquelles le présent décret sera rendu applicable à l'Algérie.

ART. 32.

Sont et demeurent abrogées toutes les dispositions contraires à celles du présent décret.

ART. 33.

Le Ministre des Cultes et le Ministre des Finances sont chargés, chacun en ce qui le concerne, de l'exécution du présent décret, qui sera inséré au *Bulletin des lois* et publié au *Journal officiel*.

Fait à Paris, le 27 mars 1893.

CARNOT.

Par le Président de la République :

Le Ministre de l'Instruction publique ,
des Beaux-Arts et des Cultes,

CH. DUPUY.

Le Ministre des Finances,

P. TIRARD.

Pour copie conforme :

Le Conseiller d'État, Directeur des Cultes,

CH. DUMAY.

INSTRUCTION

SUR LA COMPTABILITÉ DES FABRIQUES

(Article 29 du règlement d'administration publique du 27 mars 1893.)

Dispositions générales.

1. La comptabilité des Fabriques est établie par gestion et par exercice.

2. La gestion embrasse l'ensemble des actes du comptable, soit pendant l'année, soit pendant la durée de ses fonctions, s'il y a eu mutation.

3. L'exercice est la période d'exécution des services du budget; il prend la dénomination de l'année à laquelle il se rapporte.

Sont seuls considérés comme appartenant à un exercice les droits acquis et les services faits du 1er janvier au 31 décembre de l'année qui lui donne son nom. La durée des périodes complémentaires de l'exercice s'étend jusqu'au 1er mars pour l'ordonnancement et jusqu'au 15 mars pour le recouvrement des produits et le payement des dépenses.

4. Les crédits ouverts pour les dépenses de chaque exercice ne peuvent être employés à l'acquittement des dépenses d'un autre exercice.

5. Tout mandat énonce l'exercice, le crédit, ainsi que l'article du budget auquel s'applique la dépense.

6. Il doit être fait recette du montant intégral des produits. Les frais de perception ainsi que les autres frais accessoires sont portés en dépense.

7. Toute personne autre que le comptable institué par l'article 5 du décret du 27 mars 1893 qui, sans autorisation légale, se serait ingérée dans le maniement des deniers de la Fabrique, est, par ce seul fait, constituée comptable et se trouve soumise à l'obligation de rendre compte de ses opérations devant l'autorité chargée de juger le compte de la Fabrique.

Cette disposition ne s'applique pas aux opérations effectuées par des régisseurs de recettes ou de dépenses, conformément à la présente instruction.

8. Les recettes et les dépenses des Fabriques ne peuvent être faites qu'en vertu du budget de chaque exercice, et, s'il y a lieu, des chapitres additionnels ou d'autorisations spéciales régulièrement votés par le Conseil de Fabrique et approuvés par l'Évêque. Les modèles du budget et des chapitres additionnels sont donnés sous les n°s 1 et 2.

9. Le budget de chaque exercice est proposé par le bureau des marguilliers, délibéré par le Conseil de Fabrique dans la session de *Quasimodo* et approuvé par l'Évêque. (Décret du 30 décembre 1809.)

10. Une copie du budget de la Fabrique doit être remise, à la fin de chaque année, pour l'exercice qui va s'ouvrir, au comptable chargé de l'exécuter.

11. S'il arrivait que le budget d'un exercice ne fût pas approuvé ou remis au comptable avant l'ouverture de l'exercice, les recettes et les dépenses ordinaires continueraient à être faites conformément au budget de l'année précédente.

12. Le comptable de la Fabrique doit recevoir, indépendamment du budget, des chapitres additionnels et des autorisations spéciales, une copie de tous les baux, contrats, jugements et titres concernant les revenus dont la perception lui est confiée.

Écritures des ordonnateurs et des comptables.

13. Les livres de l'ordonnateur de la Fabrique sont :

1° Un **livre d'enregistrement des droits des créanciers** (Modèle n° 3);

2° Un **livre des mandats délivrés** (Modèle n° 4).

Ces deux livres sont tenus par articles du budget.

Lorsque le comptable est un receveur spécial ou un percepteur, l'ordonnateur tient en outre un **carnet d'enregistrement des titres de perception** qu'il remet au comptable. Ce carnet indique la date des titres de perception, la désignation des produits ayant donné lieu à l'établissement des titres de perception, l'article du budget et le montant des titres de perception.

14. Les trésoriers-marguilliers et les receveurs spéciaux tiennent leurs écritures en partie simple[1]; leurs livres sont les suivants :

1° Un **journal à souche** pour l'enregistrement des recettes et pour la délivrance des quittances aux parties versantes (Modèle n° 5);

2° Un **livre-journal de caisse** sur lequel le comptable porte chaque jour, d'une part le total des recettes inscrites sur le journal à souche, d'autre part le détail des dépenses au fur et à mesure qu'il les effectue (Modèle n° 6);

3° Un **livre de détail** sur lequel les recettes et les dépenses sont classées par articles du budget. Le livre de détail (Modèle n° 7) est tenu par exercice, c'est-à-dire qu'il sert à l'enregistrement des recettes et des dépenses propres à chaque exercice, non seulement pendant l'année qui donne son nom à cet exercice, mais encore pendant la partie de l'année suivante (du 1er janvier au 15 mars) qui est accordée pour en compléter les opérations. Il s'ensuit que les comptables ayant à opérer, dans le cours de chaque année, les recettes et dépenses de l'exercice qui

---

1. Les Fabriques qui actuellement tiennent leur comptabilité en partie double peuvent conserver ce mode d'écritures.

commence et celles de l'exercice qui achève sa période, doivent, pendant cette période, tenir concurremment ouverts les *livres de détail* de ces deux exercices.

Les opérations faites comme services hors budget sont également reportées sur le livre de détail de l'exercice courant, à la suite des opérations budgétaires.

Dans le cas où le comptable de la Fabrique est un receveur spécial, et où ce receveur gère le service de plusieurs Fabriques situées dans le même canton, il doit tenir autant de *livres de détail* qu'il y a de Fabriques dans sa gestion.

15. Le journal à souche et le livre-journal de caisse doivent être cotés et paraphés par l'ordonnateur.

16. Les registres des fabriques sont exempts de timbre, en vertu de l'article 81 du décret-loi du 30 décembre 1809.

La dispense de timbre s'étend également aux copies ou extraits d'actes produits à l'appui des comptes à titre de justifications, sous la condition qu'ils seront délivrés par les comptables de la Fabrique ou le président du bureau des marguilliers et qu'ils feront mention de leur destination.

17. Lorsque le comptable de la Fabrique est un percepteur, les livres et écritures qu'il tient en qualité de comptable de la Fabrique sont les mêmes que ceux qu'il tient pour les gestions communales ou hospitalières dont il peut être chargé.

Toutefois, les pages du livre des comptes divers, affectées à la comptabilité de la fabrique, ne sont pas revêtues du timbre de dimension. (Art. 81 du décret du 30 décembre 1809.)

Dispositions concernant les recettes.

18. Le comptable de la Fabrique recouvre les divers produits aux échéances déterminées par les titres de perception ou par l'ordonnateur.

19. Il délivre, pour toutes les sommes versées à sa caisse, des quittances extraites du journal à souche (Modèle n° 5).

Ces quittances doivent être revêtues du timbre à 0 fr. 25 c. établi par l'article 4 de la loi du 8 juillet 1865, modifié par l'article 2 de celle du 23 août 1871, lorsque la recette excède 10 francs ou lorsque, n'excédant pas 10 francs, elle a pour objet soit un acompte, soit un payement final sur une somme supérieure à ce chiffre.

La valeur des timbres mobiles acquis à cet effet par le comptable demeurant comprise dans son encaisse, il n'a aucune écriture à passer pour constater soit l'achat de ces timbres, soit leur remboursement par les débiteurs de la Fabrique.

Il n'y a pas lieu d'apposer le timbre sur les quittances qui sont données pour ordre, notamment pour les recettes ci-après : produit des quêtes, produit des troncs, produit de la location des bancs et chaises lorsqu'il est perçu en régie par un préposé de la Fabrique.

20. Lorsque le comptable est porteur d'un titre exécutoire, il peut employer contre les débiteurs en retard les moyens de poursuites ci-après :

Commandement par ministère d'huissier ;

Saisie-exécution de meubles en observant les formalités prescrites par le Code de procédure.

Après ce dernier acte de poursuites, le comptable doit informer le président du bureau des marguilliers de la date à laquelle doit avoir lieu la vente. Si le bureau juge qu'il y a lieu de surseoir, ordre par écrit doit en être donné au comptable, qui suspend ses poursuites.

21. Le comptable peut procéder à la saisie-arrêt sans aucune autorisation ; mais il doit en donner avis immédiatement au président, afin que le bureau puisse examiner s'il convient de dénoncer la saisie avec assignation en validité.

Dispositions concernant les dépenses.

22. Chaque crédit doit servir exclusivement à la dépense pour laquelle il a été ouvert. La destination n'en peut être changée sans une décision de l'autorité qui a compétence pour régler le budget.

23. Aucune dépense ne peut être payée si elle n'a été préalablement ordonnancée sur un crédit régulièrement ouvert.

24. Le Président du bureau des marguilliers est le seul ordonnateur des dépenses fabriciennes. Les mandats qu'il délivre sont datés et émis au profit et au nom des créanciers directs de la Fabrique, sous réserve des dispositions contenues à l'article suivant. Il est interdit à l'ordonnateur de remettre au comptable soit des mandats *en blanc* pour les dépenses de la Fabrique, soit des reconnaissances *en blanc* pour le remboursement des fonds placés au Trésor.

25. Lorsque les fonctions de comptable de la Fabrique sont remplies par un receveur spécial ou par un percepteur, le marguillier-trésorier peut être chargé, à titre de régisseur des dépenses, de payer, au moyen d'avances mises à sa disposition par le comptable, sur l'autorisation du président du bureau, les menues dépenses de la célébration du culte.

A cet effet, le président du bureau établit, au nom du trésorier-marguillier, un *mandat d'avance permanente*, qui ne porte aucune indication de crédit ni d'exercice. Les fonds sont remis par le receveur spécial ou par le percepteur au trésorier-marguillier contre la remise du mandat dûment quittancé qui est conservé dans la caisse du comptable et y représente du numéraire. Il n'est passé aucune écriture au livre-journal de caisse pour cette opération. A la fin de chaque mois, et plus souvent s'il est nécessaire, le président du bureau délivre, au profit du trésorier-marguillier, sur les articles du budget correspondant aux dépenses faites, un mandat de payement dont le montant représente les menues dépenses payées au moyen de l'avance. L'encaissement de ce mandat, auquel sont annexées les pièces justificatives, permet au trésorier-marguillier de reconstituer son avance permanente.

Lorsque les fonctions de comptable de la Fabrique sont remplies par le trésorier-marguillier, le Conseil de Fabrique peut désigner un régisseur de dépenses apte à recevoir, dans les conditions spécifiées au paragraphe précédent, des avances destinées au payement des menues dépenses de la célébration des cultes.

L'avance ne peut dépasser le dixième du crédit sur les articles 1 et 2 du budget des dépenses. Elle ne peut avoir pour objet que l'acquittement des dépenses énumérées dans lesdits articles ainsi que les menues dépenses faites au comptant sur les frais d'administration (art. 10 du budget).

Le régisseur de dépenses peut être chargé de payer sur émargements les traitements et salaires du clergé et des serviteurs de l'église; dans ce cas, le mandat de payement, établi à son nom, est appuyé de l'état d'émargement.

26. Le comptable de la Fabrique remet au président du bureau des marguilliers, à la fin de chaque trimestre[1], comme document servant à contrôler et à suivre les diverses opérations qu'il effectue, un bordereau de situation[2] qui présente, par exercice, les sommes à recouvrer et à dépenser, ainsi que le montant des recouvrements et des payements effectués sur chaque article du budget, et qui fait ressortir l'encaisse à la fin du trimestre, avec la distinction du numéraire immédiatement disponible et des fonds placés en compte courant au Tréser. Les chiffres à porter sur ce bordereau sont extraits du livre de détail.

Pour les Fabriques peu importantes, le bordereau peut être réduit aux seuls développements nécessaires pour donner à l'ordonnateur une connaissance exacte de la situation des crédits ouverts à chaque article du budget.

Lorsque le comptable de la Fabrique est un percepteur, le bordereau trimestriel qui sera toujours établi dans la forme prescrite par le paragraphe premier du présent article est, après examen et visa de l'ordonnateur, envoyé au receveur des finances, par l'intermédiaire de l'évêché.

27. Les comptables ne peuvent refuser ou retarder le payement des mandats que dans les seuls cas :

Où la somme ordonnancée ne porterait pas sur un crédit ouvert, ou excéderait ce crédit;

Où les pièces produites seraient insuffisantes, irrégulières ou non conformes à la nomenclature annexée à la présente instruction;

Où il y aurait opposition, dûment signifiée entre les mains du comptable; dans ce cas, le comptable, sans se faire juge de la valeur de l'opposition, surseoit provisoirement au payement et se conforme aux dispositions des articles 557 et suivants du Code de procédure civile;

Où, par suite de retards dans le recouvrement des revenus, il y aurait insuffisance de fonds dans la caisse.

28. Tout refus ou retard de payement doit être motivé dans une déclaration écrite, immédiatement délivrée par le comptable au porteur du mandat, lequel se retire devant le président du bureau des marguilliers pour que ce dernier avise aux mesures à prendre ou à provoquer.

---

1. Article 34 du décret du 30 décembre 1809.
2. Le modèle à employer est le même que celui qui est en usage pour les communes.

29. Les comptables doivent refuser le payement des mandats qui leur seraient présentés après l'époque fixée pour la clôture de l'exercice; ces mandats sont annulés, sauf réordonnancement ultérieur.

30. Les comptables sont tenus de s'assurer de l'identité des parties prenantes et de veiller à ce qu'elles datent les quittances, sauf à remplir eux-mêmes cette formalité si les parties prenantes sont illettrées.

Lorsque le porteur d'un mandat n'excédant pas 150 francs déclare ne pas savoir signer, le comptable peut effectuer le payement en présence de deux témoins qui signent avec lui, sur le mandat, la déclaration faite par la partie prenante. Si le mandat excède 150 francs, la quittance doit être donnée devant notaire.

31. A l'appui des mandats pour le payement des prix de fournitures ou de travaux, les fabriques pourront, comme par le passé, produire, au lieu de mémoires ou factures, de simples quittances explicatives soumises seulement au timbre de 0 fr. 10 c. lorsque la somme excédera 10 francs ou que, n'excédant pas 10 francs, elle aura pour objet soit un acompte, soit un payement final sur une somme supérieure à ce chiffre.

La livraison des fournitures ou l'exécution des travaux doit être certifiée sur le mandat ou la quittance explicative par le sacristain ou par toute autre personne apte à constater le service fait par le créancier de la Fabrique.

Opérations des régisseurs de recettes. — Services hors budget.

32. Les oblations ainsi que les droits perçus à l'occasion des cérémonies du culte conformément aux tarifs légalement approuvés, peuvent être reçus par le curé ou desservant, ou par les ecclésiastiques par lui délégués, moyennant la délivrance aux parties versantes d'une quittance détachée d'un registre à souche (Modèle n° 5).

Cette quittance, dont le caractère spécial est déterminé par le deuxième alinéa de l'article 7 de la présente instruction, est passible seulement du droit de timbre de 0 fr. 10 c. applicable dans les conditions prévues par l'article précédent.

Tous les mois et plus fréquemment, s'il en est ainsi décidé par l'Evêque, les sommes recouvrées par le curé ou desservant ou ses délégués sont versées au comptable de la Fabrique qui en délivre une quittance extraite de son journal à souche.

En ce qui concerne les droits perçus en vertu de tarifs, il est remis au comptable, à l'appui de ce versement, un état (Modèle n° 8) dressé par l'ecclésiastique régisseur de recettes et arrêté par l'ordonnateur, faisant connaître la répartition, entre les intéressés, de la somme totale encaissée. Le total de la colonne de l'état intitulée : *Part revenant à la Fabrique*, est seul versé en numéraire; le reliquat est représenté par des quittances du clergé et des serviteurs de l'église constatant la remise qui leur a été faite de la part leur revenant.

La part revenant à la Fabrique est portée en recette parmi les opérations budgétaires sous le titre : *Part revenant à la fabrique dans les droits perçus sur les services religieux*. La part revenant au clergé et aux serviteurs de l'église est portée en recette et en dépense au compte ouvert parmi les services hors budget sous le titre : *Part revenant au clergé et aux serviteurs de l'église dans les droits perçus sur les services religieux*.

La dépense est justifiée par les quittances souscrites par les intéressés.

La recette est justifiée, en ce qui concerne le compte budgétaire, par l'état Modèle n° 8 ; en ce qui concerne le compte hors budget, par une référence au même état.

Les quittances délivrées par le comptable aux régisseurs de recettes sont exemptes de timbre comme se rapportant à des opérations d'ordre.

33. Lorsque les droits dus à l'occasion des cérémonies du culte sont encaissés directement par le comptable, il porte immédiatement en recette budgétaire la part qui revient à la Fabrique, et en recette au compte ouvert dans les services hors budget la part à répartir entre le clergé et les serviteurs de l'église. L'état Modèle n° 8 est établi ultérieurement, et les sommes payées aux intéressés, sur mandats de l'ordonnateur, sont portées en dépense, au fur et à mesure des payements, au compte des services hors budget [1].

Règlement du budget. — Comptes de l'ordonnateur et du comptable.

34. Dans la session de *Quasimodo*, le Conseil de Fabrique, avant de délibérer sur le budget du prochain exercice, procède au règlement définitif du budget de l'exercice clos le 15 mars précédent.

A cet effet, l'ordonnateur, président du bureau, prépare préalablement son compte pour l'exercice clos, qui comprend, en recette et en dépense, toutes les opérations faites sur cet exercice jusqu'à l'époque de sa clôture (Modèle n° 9). Il se concerte, à ce sujet, avec le comptable.

Ce compte est établi en quatre expéditions destinées au Conseil de fabrique, à l'Évêque, à la mairie et à l'autorité chargée de juger le compte du comptable.

35. De son côté, le comptable établit et adresse au président son compte de gestion (Modèle n° 10).

Au moyen de ces divers documents, le président du bureau prépare le procès-verbal de règlement définitif à soumettre, avec toutes les pièces justificatives, à la délibération du Conseil de Fabrique dans la session de *Quasimodo*.

1. Dans les cas prévus aux articles 32 et 33, la souche sera libellée de la manière suivante par le comptable :

le

Reçu de M   la somme de (deux cents francs) qui se décompose comme suit :

Part revenant à la Fabrique........................... 40 francs.
Services hors budget................................... 160

TOTAL........... 200

36. Le Conseil de Fabrique procède au règlement définitif de la manière suivante :

En ce qui concerne les recettes, il arrête le montant des droits constatés au profit de la Fabrique, apprécie les motifs de non-recouvrement, admet, s'il y a lieu, en non-valeurs les sommes non recouvrées ou en prescrit le report à l'exercice suivant. Les sommes admises en non-valeurs et les sommes reportées à l'exercice suivant sont déduites des droits constatés, ce qui fait ressortir le montant des produits réels de l'exercice.

En ce qui concerne les dépenses, le Conseil de Fabrique rapproche les payements du montant des crédits alloués, fixe les excédents de crédits et en prononce l'annulation.

Les crédits ou portions de crédits applicables à des services faits dans le courant de la première année de l'exercice, mais non soldés le 15 mars suivant, sont reportés de plein droit au budget de l'exercice courant.

Les crédits ou portions de crédits relatifs à des dépenses *non entreprises* pendant la première année de l'exercice ne sont reportés au budget de l'exercice suivant que s'ils sont approuvés de nouveau par l'autorité épiscopale sur la proposition du Conseil de Fabrique.

Les restes à payer qui n'ont pas été constatés à la fin de l'exercice, et dont les crédits n'ont pas été reportés au budget de l'exercice courant, ne peuvent plus être acquittés qu'au moyen de crédits ouverts par des autorisations spéciales.

Après avoir arrêté le chiffre total des recettes et des dépenses de l'exercice clos, le Conseil de Fabrique détermine l'excédent définitif de recettes ou constate, s'il y a lieu, l'excédent de dépenses.

Le Conseil de Fabrique consigne le résultat de son examen dans une délibération (Modèle n° 11) qui est soumise à l'approbation de l'Évêque avec le compte de l'ordonnateur.

37. Les recettes et les dépenses relatives aux restes à recouvrer et à payer constatés lors de la clôture des exercices, ainsi que les recettes et les dépenses nouvelles autorisées dans la session de *Quasimodo* donnent lieu au *budget supplémentaire* ou *chapitres additionnels* (Modèle n° 2).

38. Le compte de gestion du comptable est établi en quatre expéditions destinées au Conseil de Fabrique, à l'Évêque, à la mairie et à l'autorité chargée de juger le compte.

Il doit être revêtu de l'approbation du conseil de fabrique et appuyé des pièces justificatives déterminées dans la nomenclature annexée au présent règlement.

En outre, pour que le compte de gestion soit en état d'examen par l'autorité chargée de le juger, il doit être accompagné des pièces suivantes :

1° Expédition du budget primitif (Modèle n° 1), et, s'il y a lieu, du budget supplémentaire (Modèle n° 2) et des autorisations spéciales ;

2° Copie certifiée du compte de l'ordonnateur (Modèle n° 9) ;

3° État des propriétés, rentes et créances de la Fabrique (Modèle n° 12) ;

4° Procès-verbal de la situation de caisse établi le 31 décembre à la fin de la gestion annuelle.

Ces différentes pièces sont comprises dans un bordereau récapitulatif[1].

39. Le compte de gestion est adressé avec toutes les pièces justificatives au greffe de la Cour des comptes ou du Conseil de préfecture avant le 1er juillet de l'année qui suit celle pour laquelle le compte est rendu.

40. Les comptes de gestion des Fabriques paroissiales sont jugés, savoir :

Par la Cour des comptes, pour les Fabriques dont les revenus ordinaires excèdent 30,000 francs ;

Par les Conseils de préfecture, pour celles dont les revenus ordinaires n'excèdent pas 30,000 francs.

Il y a changement de juridiction lorsque les revenus ordinaires sont restés, pendant trois exercices consécutifs, au-dessus de 30,000 francs, si les comptes étaient jusqu'alors du ressort du Conseil de préfecture ; au-dessous de 30,000 francs dans le cas contraire. Lorsque le Conseil de préfecture cesse d'être compétent, il appartient au Préfet de saisir la Cour des comptes.

41. Chaque comptable n'étant responsable que des actes de sa gestion personnelle doit, en cas de mutation, rendre compte des faits qui le concernent spécialement. Le compte du trésorier-marguillier ou du receveur municipal remplacé doit être présenté dans les trois mois qui suivent la cessation de ses fonctions ; il doit être appuyé d'un procès-verbal de caisse et de remise de service dressé à la même époque par le bureau des marguilliers et d'un certificat du président de ce bureau constatant qu'il n'y a pas de reprises à exercer contre lui, notamment à l'égard des obligations que lui impose l'article 1er du décret du 27 mars 1893.

42. Lorsqu'il y a lieu de pourvoir au remplacement provisoire d'un trésorier ou d'un receveur spécial, le président du bureau des marguilliers désigne un gérant intérimaire en attendant que le Conseil de Fabrique procède à la nomination d'un titulaire.

Le gérant intérimaire rend un compte spécial de ses opérations à moins que le Conseil de Fabrique n'ait décidé, avec l'assentiment des parties intéressées, que ces opérations sont rattachées à celles de l'ancien et du nouveau titulaire.

43. Les comptables et autres parties intéressées peuvent se pourvoir contre les arrêtés du Conseil de préfecture et les arrêts de la Cour des comptes suivant les dispositions indiquées dans le décret du 31 mai 1862, portant règlement sur la comptabilité publique.

---

1. Enfin les pièces suivantes seront produites à l'appui du premier compte présenté par un comptable nouveau :

. Certificat du président constatant la prestation du serment si le comptable est trésorier-marguillier ou receveur spécial (art. 45) ;

Certificat du président constatant que le cautionnement a été réalisé, dans le cas où le comptable y est assujetti.

Placement des fonds libres au Trésor.

44. Les fonds libres des Fabriques sont versés en compte courant au Trésor public ; ils sont productifs d'intérêts dans les mêmes conditions que les fonds placés par les établissements de bienfaisance.

Le versement des fonds est effectué à la caisse du receveur des finances dans la circonscription duquel se trouve la Fabrique : il en est délivré un récépissé à talon. Les intérêts produits par ces placements sont réglés au commencement de chaque année et portés, par le receveur des finances, au crédit de chaque Fabrique, qui reçoit un extrait du décompte d'intérêts par l'intermédiaire de l'évêché.

Les retraits de fonds sont opérés au vu d'autorisations de remboursement délivrés, sur la demande du président du bureau, par l'Évêque ou par l'un des vicaires généraux agréés.

Si le comptable est un trésorier-marguillier ou un receveur spécial, le montant des retraits de fonds est constaté par le receveur des finances en premier lieu sur les extraits de décomptes d'intérêts, et ensuite sur les récépissés à talon les plus anciens en date. A cet effet, le comptable qui veut opérer un retrait doit toujours être porteur des extraits de décomptes d'intérêts et des récépissés. Il n'est passé aucune écriture au livre-journal pour les dépôts de fonds et les retraits effectués, le solde des fonds placés étant représenté par les récépissés que le comptable a entre les mains ; mais le comptable doit inscrire au journal à souche le montant des intérêts alloués au commencement de chaque année, et adresser au receveur des finances, par l'intermédiaire de l'évêché, la quittance correspondante détachée du journal à souche.

Serment des comptables.

45. Avant d'entrer en fonctions, les trésoriers-marguilliers et receveurs spéciaux prêtent devant le Conseil de Fabrique le serment professionnel des comptables publics[1].

La prestation de serment est constatée sur le registre des délibérations du Conseil de Fabrique. Il en est justifié au juge des comptes par un certificat du président de ce Conseil lors de la présentation du premier compte de gestion.

Cautionnements des comptables.

46. Les cautionnements auxquels sont soumis les comptables, en exécution de l'article 15 du décret du 27 mars 1893, sont calculés à raison de trois fois la

---

[1]. FORMULE DE LA PRESTATION DE SERMENT.

Je jure de gérer avec fidélité les deniers de la Fabrique de..... et de me conformer aux lois, ordonnances et décrets qui ont pour objet d'assurer leur inviolabilité et leur application régulière aux dépenses de ladite Fabrique.

moyenne des remises, telle qu'elle résulte des trois derniers comptes de gestion présentés.

Ils sont fixés en sommes rondes de 100 francs; les fractions supérieures à 50 francs seront élevées à 100 francs, les fractions inférieures à 50 francs seront négligées.

47. Les cautionnements en numéraire des receveurs spéciaux sont versés soit à la Caisse des dépôts et consignations par l'intermédiaire du préposé de cette caisse (receveur des finances ou percepteur) qui réside au chef-lieu d'arrondissement, soit, avec l'autorisation du Préfet[1], à la caisse des Monts-de-Piété.

Les suppléments de cautionnements en numéraire que peuvent avoir à verser les percepteurs comme comptables des Fabriques sont versés au Trésor.

48. Les cautionnements en rentes sur l'État sont réalisés en rentes nominatives et calculés au cours moyen du jour de la nomination.

Les comptables des Fabriques qui veulent constituer leur cautionnement en rentes 3 % (inscriptions directes) ou en rentes 4 1/2 %, remettent, soit par eux-mêmes, soit par un mandataire, leurs inscriptions au chef de la division du Contentieux des finances, pour être déposées à la Caisse centrale du Trésor. L'acte de cautionnement, établi en double, est immédiatement dressé sur papier timbré.

Lorsque le cautionnement est constitué en rentes 3 % de la série départementale, les inscriptions sont déposées au Directeur de l'Enregistrement qui remplit, à cet égard, les mêmes fonctions que le chef de la division du Contentieux des finances.

49. Lorsqu'un receveur spécial ou ses ayants cause veulent obtenir le remboursement de son cautionnement, il doit être justifié de la libération du comptable par un certificat du président du Conseil de Fabrique constatant que les les derniers comptes, définitivement jugés par l'autorité compétente, sont apurés et soldés.

Dispositions transitoires.

50. Dans les Fabriques où les fonctions de comptable seront confiées, à partir du 1er janvier 1894, à un receveur spécial ou à un percepteur, le nouveau comptable n'aura pas à s'immiscer dans les opérations de recettes et de dépenses relatives à l'exécution du budget de 1893. Il fera recette des fonds qui lui seront versés par le trésorier-marguillier à un article intitulé : *Excédent de recettes de l'exercice* 1893. La recette constatée sous le titre *Excédent de recettes de l'exercice* 1893 sera justifiée par une copie de la délibération du Conseil de Fabrique arrêtant le compte de 1893.

Le trésorier-marguillier conservera les fonds dont il aura besoin pour solder les dépenses restant à payer sur le budget de 1893 et continuera à encaisser les produits restant à recouvrer sur le même budget, jusqu'à l'époque de son règlement.

---

1. Article 4 de l'Ordonnance du 6 juin 1830 et décret de décentralisation du 25 mars 1852.

51. Les pièces suivantes devront être fournies exceptionnellement à l'appui du premier compte de gestion présenté le 1er juillet 1895, si le comptable est trésorier-marguillier :

Procès-verbal de la situation de caisse au 1er janvier 1894 ;

Déclaration du président du Conseil de Fabrique établissant le montant des recettes et dépenses effectuées sur le budget de 1893 pendant la période du 1er janvier au 15 mars 1894.

52. Jusqu'au jour de la présentation du troisième compte de gestion, les cautionnements seront déterminés de la manière suivante : on appliquera aux recettes prévues dans le budget le plus récemment approuvé par l'Évêque les bases fixées par l'article 14 du décret du 27 mars 1893, pour en déduire les remises provisoires, et le cautionnement sera arrêté au triple de ces remises provisoires.

Le cautionnement ainsi déterminé pourra, sur la demande des intéressés, être revisé après la présentation du troisième compte de gestion, s'il diffère de plus de 20 % du cautionnement qui ressortirait des éléments des trois premiers comptes présentés.

Le deuxième alinéa de l'article 46 est applicable au calcul des cautionnements provisoires.

Fait à Paris, le 15 décembre 1893.

Le Ministre de l'Instruction publique,
des Beaux-Arts et des Cultes,

E. SPULLER.

Le Ministre des Finances,

A. BURDEAU.

ANNEXE A L'INSTRUCTION,
du 15 décembre 1893.
(Art. 38,).

JUSTIFICATIONS A PRODUIRE

PAR LES COMPTABLES DES FABRIQUES A L'APPUI DES COMPTES DE GESTION *

RECETTES

N°ˢ D'ORDRE	NATURE DES RECETTES	DÉSIGNATION DES JUSTIFICATIONS A PRODUIRE
		1° OPÉRATIONS BUDGÉTAIRES
1	Produits de biens immeubles affermés.	Copies ou extraits de baux, pour les prix de baux dont il est compté pour la première fois, et des baux renouvelés dans l'année.
2	Rentes sur particuliers..	Copies ou extraits des titres dont il est compté pour la première fois.
3	Rentes sur l'État........	Certificat du Président du bureau indiquant la date et le montant des inscriptions nouvelles.
	L'état des propriétés, créances et rentes (modèle n° 12) est en outre produit à l'appui des recettes qui sont désignées sous les n°ˢ 1, 2 et 3.	
4	Produit de la location des bancs et chaises.	Si ce produit est mis en ferme au profit d'un entrepreneur, copie du procès-verbal d'adjudication et extrait du cahier des charges.
		Si ce produit est perçu en régie, états de produit établis par le régisseur et certifiés par le Président du bureau.
		Si les bancs et chaises sont loués à l'année à des particuliers, copie de la délibération qui a approuvé ces locations, faisant connaître le montant des sommes à encaisser.
5	Produit de la concession des bancs placés dans l'église.	Copie de l'acte de concession.
6	Produit des quêtes faites pour les frais du culte.	Si le produit des quêtes est versé dans un tronc, procès-verbaux des levées de tronc dressés par le bureau des marguilliers.
		S'il n'en est pas ainsi, états constatant, après chaque quête, la reconnaissance des fonds, revêtus de la signature des quêteurs et certifiés sincères et véritables par le Président du bureau.
7	Produit des troncs placés dans l'église pour les frais du culte.	Procès-verbaux des levées de tronc dressés par le bureau des marguilliers.
8	Oblations volontaires....	États certifiés par le Président du bureau.
9	Part revenant à la fabrique dans les droits perçus pour les services religieux.	États (modèle n° 8) dressés par le curé ou desservant et arrêtés par le Président du bureau. Ces états doivent être accompagnés d'une récapitulation. Tarif d'oblation du diocèse ou référence au tarif fourni par l'administration.
10	Produit des frais d'inhumation. Monopole des pompes funèbres.	Quand il existe un syndicat pour le service des pompes funèbres, copie certifiée par le Président du bureau du décompte faisant connaître la part revenant à la fabrique. Dans le cas contraire, état de produits certifié par le Président du bureau.
11	Produit de la cire revenant à la fabrique.	État présentant les quantités avec leur évaluation en argent, certifié par le Président du bureau.
12	Intérêts de fonds placés au Trésor public.	Copie certifiée par le Président du bureau du décompte annuel d'intérêts établi par la recette des finances.

RECETTES *(Suite)*.

N°ˢ D'ORDRE	NATURE DES RECETTES	DÉSIGNATION DES JUSTIFICATIONS A PRODUIRE
13	Ventes d'objets mobiliers.	Délibération du conseil de fabrique approuvée par l'Évêque, constatant qu'il ne s'agit pas d'objets d'art, mais seulement de menus objets hors d'usage. Dans le cas contraire, ampliation du décret autorisant la vente. Copie ou extrait du procès-verbal d'adjudication ou, s'il n'y a pas eu d'adjudication, certificat du Président, constatant les conditions de la vente.
14	Ventes d'immeubles.....	Ampliation du décret qui a autorisé la vente. Copie ou extrait des procès-verbaux d'adjudication ou de l'acte qui a déterminé le prix et les conditions des ventes. Si le prix est productif d'intérêts, décompte de la recette en capital et intérêts.
15	Ventes de rentes.......	Ampliation du décret autorisant la vente et bordereau de l'agent de change.
16	Legs et donations.......	Ampliation des décrets ou arrêtés préfectoraux qui en ont autorisé l'acceptation. Quand le legs ne consiste pas en une somme fixe, extrait des inventaires et partages ou autres actes établissant les droits de la fabrique.
17	Remboursements de capitaux.	Ampliation de l'arrêté préfectoral ou du décret autorisant le remboursement.
18	Subvention de la commune.	Copie de la délibération du conseil municipal ou de l'acte (décret ou arrêté) qui a inscrit d'office la subvention.

2° SERVICES HORS BUDGET

N°ˢ D'ORDRE	NATURE DES RECETTES	DÉSIGNATION DES JUSTIFICATIONS A PRODUIRE
19	Part revenant au clergé et aux serviteurs de l'église dans les droits perçus sur les services religieux	Référence aux justifications fournies à l'appui de la recette inscrite sous le n° 9.
20	Dépôts de garantie et cautionnements pour adjudications et marchés.	Relevé, certifié par le président du bureau, des dépôts et cautionnements qui ont dû être reçus.

DÉPENSES

N°ˢ D'ORDRE	NATURE DE LA DÉPENSE	DÉSIGNATION DES JUSTIFICATIONS A PRODUIRE

1° OPÉRATIONS BUDGÉTAIRES

N°ˢ D'ORDRE	NATURE DE LA DÉPENSE	DÉSIGNATION DES JUSTIFICATIONS A PRODUIRE
1	Objets de consommation pour les frais ordinaires du culte, frais d'entretien du mobilier. Achats de mobilier de toute nature.	Quittance explicative (timbrée à 0ᶠ 10) du fournisseur. Factures ou mémoires (T), s'il y a lieu. Lorsqu'il y a eu adjudication ou marché, copie ou extrait certifié du procès-verbal d'adjudication ou de marché.
2	Traitement des vicaires régulièrement institués. Honoraires des prédicateurs. Traitement et gages des employés et serviteurs de l'église. Indemnité de logement et autres. Gratifications diverses.	Quittances des parties prenantes sur le mandat, ou état émargé. Le mandat ou l'état émargé fait connaître, s'il y a lieu, le montant des traitements et gages par année, par trimestre ou par mois.

DÉPENSES *(Suite).*

N° d'ordre	NATURE DE LA DÉPENSE	DÉSIGNATION DES JUSTIFICATIONS A PRODUIRE
3	Dépenses d'entretien des immeubles.	Soumission de l'entrepreneur (T) acceptée par le bureau, s'il y a lieu. Certificat de réception des travaux (T). Mémoire des réparations exécutées en régie (T). ou quittance timbrée 0 fr. 10.
4	Loyer du presbytère.....	Quittance du propriétaire. Copie certifiée du bail enregistré.
5	Charge des fondations...	État émargé des parties prenantes ou, lorsqu'il n'est pas possible de produire ledit état, certificat du président du bureau constatant l'exécution des charges.
6	Charge des biens.	Pour les impôts, avertissement ou extrait de rôle, quittance à souche du percepteur. Pour les assurances, quittance de l'assureur.
7	Rentes viagères.........	Certificat de vie (T) de l'ayant droit.
8	Traitement du comptable.	Décompte des remises établi par le comptable, certifié exact par le Receveur des finances dans le cas où le comptable est un percepteur, par le Président du bureau, si le comptable est un receveur spécial.
9	Sixième (ou moins) du produit net des bancs et chaises pour la caisse de secours des prêtres âgés ou infirmes.	Décompte de la somme revenant à la caisse de secours, approuvé par le Président du bureau. Quittance du trésorier de la caisse de secours.
10	Annuités d'emprunts régulièrement autorisés.	Quittance des parties prenantes ou états émargés.
11	Placement de capitaux en rentes sur l'État.	Copie du décret ou de l'arrêté qui a autorisé l'achat. Bordereau de l'agent de change.
12	Grosses réparations et constructions.	A l'appui du premier acompte, décision approbative des travaux, extrait ou copie du procès-verbal d'adjudication, justification, s'il y a lieu, de la réalisation du cautionnement ; certificat de l'architecte ou du surveillant des travaux visé par le président du bureau constatant l'avancement des travaux et le montant de la somme à payer (T), et extrait du cahier des charges indiquant le montant du cautionnement et les conditions du payement. Pour les acomptes subséquents, certificat de l'architecte visé par le Président du bureau rappelant les acomptes payés antérieurement et la nouvelle somme à payer (T). Pour le payement du solde des travaux, expédition (T) du procès-verbal d'adjudication, décompte général et procès-verbaux de réception définitive (T) ; cahier des charges et devis estimatif ou série de prix (T). Dans le cas d'adjudication à prix ferme, le procès-verbal de réception seulement (T). Lorsque, après le procès-verbal de réception définitive, les payements doivent être faits en plusieurs années, décompte de la dépense. S'il n'y a pas eu d'adjudication, autorisation du Préfet, marchés de gré à gré, mémoires réglés et visés (T), ou quittances explicatives (timbrées à 0 fr. 10).

2° SERVICES HORS BUDGET

N° d'ordre	NATURE DE LA DÉPENSE	DÉSIGNATION DES JUSTIFICATIONS A PRODUIRE
13	Part revenant au clergé et aux serviteurs de l'église dans les droits perçus sur les services religieux.	Quittances des parties prenantes ou état émargé.
14	Remboursement et emploi en cautionnement des dépôts de garantie pour adjudications et marchés.	Pour les dépôts restitués, certificat du président de l'adjudication constatant que les parties n'ont pas été déclarées adjudicataires. Décharge au verso de la quittance à souche délivrée par le comptable lors du dépôt. Pour les dépôts en numéraire, convertis en cautionnements définitifs, déclaration du préposé de la Caisse des dépôts et consignations constatant le versement du cautionnement à sa caisse.

Toulouse, Édouard PRIVAT, imprimeur de l'Archevêché. — 1904

CONVENTION SPÉCIALE

CONCLUE

Entre la Belgique, la France, le Luxembourg et les Pays-Bas

EN VERTU

du dernier alinéa du paragraphe premier des « Dispositions
réglementaires de la Convention internationale de Berne
sur le transport des marchandises par chemins de fer ».

PARIS

IMPRIMERIE ET LIBRAIRIE ADMINISTRATIVES ET DES CHEMINS DE FER

PAUL DUPONT, DIRECTEUR

4 — RUE DU BOULOI — 4

1894

CONVENTION SPÉCIALE

CONCLUE

Entre la Belgique, la France, le Luxembourg et les Pays-Bas

EN VERTU

du dernier alinéa du paragraphe premier des « Dispositions réglementaires de la Convention internationale de Berne sur le transport des marchandises par chemins de fer ».

Les États contractants, agissant en vertu du dernier alinéa du paragraphe premier des Dispositions réglementaires pour l'exécution de la Convention internationale de Berne sur le transport des marchandises par chemins de fer, sont convenus de ce qui suit :

ARTICLE PREMIER.

Sont admis au transport international les objets désignés ci-après, en provenance du territoire de l'un des États contractants et à destination du territoire d'un autre État contractant, par les lignes de chemins de fer soumises à l'application de la Convention de Berne, et aux conditions générales de cette Convention, pour tout ce qui n'est pas réglé par les conditions suivantes :

I

TRANSPORTS FUNÈBRES.

Le transport est effectué en grande vitesse.

Les frais de transport doivent obligatoirement être payés au départ.

Le transport ne peut s'effectuer que sous la garde d'une personne chargée de l'accompagner.

Le corps doit être placé dans un cercueil en métal, d'une épaisseur suffisante, ne laissant échapper ni liquide ni gaz. Ce cercueil doit être renfermé lui-même dans une bière de bois d'une solidité convenable.

Sur le parcours de chaque État, les transports funèbres sont, du reste, soumis aux lois et règlements de police spéciaux existants ou à intervenir.

II

OR ET ARGENT EN LINGOTS, PLATINE, VALEUR MONNAYÉE OU EN PAPIER, PLAQUÉ D'OR OU D'ARGENT, MERCURE, PAPIERS IMPORTANTS, PIERRES PRÉCIEUSES, PERLES FINES, BIJOUX ET AUTRES OBJETS PRÉCIEUX, BRODERIES ET DENTELLES.

Ces transports sont régis par les dispositions spéciales suivantes :

Pour être admis au transport, les finances et articles déclarés à la valeur, tels que plaqué d'or ou d'argent, le mercure, les perles fines, les dentelles et broderies, etc., doivent être renfermés dans des sacs, sacoches, groups, caisses, boîtes ou barils. Le transport à découvert est interdit d'une manière absolue.

Envois en sacs, sacoches ou groups.

Les sacs, sacoches ou groups seront entièrement cousus en dedans et parfaitement conditionnés, c'est-à-dire ni déchirés ni raccommodés.

L'issue de ces sacs, sacoches ou groups sera fermée au moyen d'une corde ou ficelle intacte (par conséquent sans épissure ni allonge) dont le nœud sera recouvert d'un cachet à la cire et dont les bouts seront maintenus sur une fiche flottante par un cachet semblable. A défaut de cachet, les bouts de la corde ou ficelle pourront être, près du nœud, introduits dans un plomb.

Envois en boîtes, caisses ou barils.

Les boîtes, caisses ou barils seront cloués ou cerclés avec solidité et ne devront présenter aucune trace d'issue refermée, ni de fracture.

Les boîtes et caisses seront fortement liées au moyen d'une corde d'un seul morceau, placée en croix avec cachets à la cire ou plombs en nombre nécessaire pour assurer l'inviolabilité des colis. Une ficelle appliquée en croix aux deux extrémités de chaque baril y sera maintenue au moyen de cachets à la cire ou de plombs.

Les envois de dentelles et broderies qui n'auront pas lieu dans des sacoches ou dans des caisses ne seront reçus que si elles sont renfermées dans une enveloppe en toile cirée.

Billets de banque, titres de rente, actions, obligations, coupons d'intérêt ou de dividende.

Les envois de l'espèce devront être présentés au transport dans des sacs, boîtes ou caisses, ou former des paquets revêtus d'enveloppes intactes en papier ciré ou goudronné ou en toile cirée.

Toutefois, les valeurs présentées sous enveloppe en tout autre papier pourront être acceptées, si, sous le rapport de la solidité et du conditionnement, ces enveloppes ne laissent rien à désirer.

Tout paquet devra être clos au moyen de cachets à la cire en nombre suffisant pour en assurer l'inviolabilité (trois au moins).

Déclaration.

La lettre de voiture devra mentionner la valeur de l'article et porter un cachet à la cire ou un plomb conforme à celui apposé sur l'article.

Les adresses devront être lisiblement écrites ; elles ne pourront être ni cousues, ni collées, ni clouées, afin qu'elles ne puissent dissimuler aucune trace d'issue refermée ou de fracture. Elles pourront être, soit inscrites sur les colis, soit attachées à ces colis au moyen d'une ficelle.

La déclaration de la valeur de l'article sera mentionnée, d'une manière très lisible, sur l'adresse.

Les initiales, légendes, armoiries, raisons sociales ou noms d'établissements empreints sur les cachets à la cire ou sur les plombs apposés sur les sacs, sacoches, boîtes, groups, caisses, barils, paquets, devront être parfaitement lisibles et distincts.

Les empreintes à grilles et celles faites avec des pièces de monnaie sont formellement exclues.

Responsabilité.

En cas de perte totale du colis, l'indemnité due par le chemin de fer sera égale au montant de la valeur déclarée, augmentée des frais de transport et des frais de douane acquittés postérieurement à l'envoi.

En cas de manquant ou d'avarie, le chemin de fer payera le montant de la dépréciation calculée sur la même base.

La déclaration d'intérêt à la livraison n'est pas admise.

III

OBJETS D'ART, TELS QUE : TABLEAUX, STATUES, BRONZES D'ART, ANTIQUITÉS.

Il n'est admis ni déclaration de valeur, ni déclaration d'intérêt à la livraison.

En cas de perte ou d'avarie, l'indemnité due par le chemin de fer ne dépassera pas 1 fr. 50 par kilogramme de poids brut, sauf le cas où, par des tarifs communs régulièrement approuvés par les autorités compétentes de chaque État, deux ou plusieurs administrations de chemins de fer accepteraient une responsabilité plus étendue.

IV

MATIÈRES DANGEREUSES OU AUTRES EXCLUES DU TRANSPORT INTERNATIONAL PAR LE 4° DU PARAGRAPHE PREMIER DES DISPOSITIONS RÉGLEMENTAIRES DE LA CONVENTION DE BERNE OU ADMISES CONDITIONNELLEMENT AU TRANSPORT PAR L'ANNEXE I DESDITES DISPOSITIONS.

1° Pétrole à l'état brut et rectifié (§ XX de l'Annexe 1) (1).

Le pétrole à l'état brut et rectifié, s'il a un poids spécifique d'au moins 0,780 à une température de 17° 5 du thermomètre centigrade (Celsius), ou s'il n'émet pas de vapeurs inflammables à une température de moins de 21° du thermomètre centigrade (Celsius) à une hauteur du baromètre de 760 millimètres rapportée au niveau de la mer ;

Les huiles préparées avec le goudron de lignite, si elles ont au moins le poids spécifique ci-dessus indiqué (solaroel, photogène, etc.) ;

Les huiles préparées avec les goudrons de houille (benzole, toluole, xylole, cumole, etc...), ainsi que l'essence de mirbane (nitro-benzine), sont soumises aux dispositions suivantes :

1° Ces objets, à moins que des voitures spécialement construites à cet effet (wagons-citernes) ne soient employées, ne peuvent être transportés que :

a. dans des tonneaux particulièrement bons et solides,

ou, *b.* dans des vases en métal étanches et capables de résister,

ou, *c.* dans des vases en verre ou *en grès ; en ce cas,* toutefois, en observant les prescriptions ci-dessous indiquées :

aa. Quand plusieurs vases sont réunis en un colis, ils doivent être emballés solidement dans de fortes caisses de bois, garnies de paille, de foin, de son, de sciure de bois, de terre fossile ou autres substances meubles ;

bb. Quand les vases sont emballés isolément, l'envoi est admis dans des paniers ou cuveaux solides munis de couvercles bien assujettis et d'anses, et garnis d'une quantité suffisante de matières d'emballage ; le couvercle, consistant en paille, joncs, roseaux ou matières analogues, doit être imprégné de lait d'argile ou de chaux ou d'une autre substance équivalente, mélangé avec du verre soluble.

Le poids brut du colis isolé ne doit pas dépasser 60 kilogrammes *pour les vases en verre et 75 kilogrammes pour les vases en grès.*

2° Les vases qui se détérioreront pendant le transport seront immédiatement déchargés et vendus, avec le contenu qui y sera resté, au mieux des intérêts de l'expéditeur.

3° Le transport n'a lieu que sur des wagons découverts. Si les opérations du

---

(1) Le texte ici reproduit est le texte même de l'Annexe 1 des Dispositions réglementaires de la Convention de Berne, sauf les additions ou modifications qui y ont été apportées et qui sont imprimées en italique.

passage en douane exigeaient des wagons munis de bâches plombées, le transport ne serait pas accepté.

4° Les dispositions du n° 3 qui précèdent sont aussi applicables aux to nneaux et autres récipients dans lesquels ces matières ont été transportées. Ces récipients doivent toujours être déclarés comme tels.

5° Quand ces produits sont livrés au transport en quantités ne dépassant pas 10 kilogrammes par espèce, il est permis de *les* réunir en un colis, tant entre eux qu'avec d'autres objets admis au transport sans conditions.

Ces corps, renfermés dans des flacons de verre ou de fer-blanc, doivent être emballés solidement par couches au moyen de paille, foin, son, sciure de bois, terre fossile ou autres substances meubles, et être désignés nominativement dans la lettre de voiture.

6° Il doit être indiqué sur la lettre de voiture que les objets désignés aux alinéas 1 et 2 du présent numéro ont un poids spécifique d'au moins 0,780 ou que le pétrole a la qualité indiquée dans le premier alinéa du présent numéro à l'égard du point d'inflammation.

Quand cette indication ne se trouve pas dans la lettre de voiture, on appliquera les conditions de transport concernant l'essence de pétrole.

2° Pétrole à l'état brut et rectifié (§ XXI de l'Annexe 1) (1).

Le pétrole à l'état brut et rectifié, le pétrole naphte et les produits de la distillation du pétrole et du pétrole naphte, lorsque ces matières ont un poids spécifique de moins de 0,780 et de plus de 0,680 à une température de 17°5 du thermomètre centigrade (benzine, ligroïne et putzol).

Les articles précités sont soumis aux dispositions suivantes :

1° Ces objets, à moins que des voitures spécialement construites à cet effet (wagons-citernes) ne soient employées, ne peuvent être transportés que :

a. dans des tonneaux particulièrement bons et solides,

ou, *b.* dans des vases en métal étanches et capables de résister,

ou, *c.* dans des vases en verre *ou en grès ; en ce cas*, toutefois, en observant les prescriptions ci-dessous indiquées :

aa. Quand plusieurs vases sont réunis en un colis, ils doivent être emballés solidement dans de fortes caisses de bois garnies de paille, de foin, de son, de sciure de bois, de terre fossile ou autres substances meubles ;

bb. Quand les vases sont emballés isolément, l'envoi est admis dans des paniers ou cuveaux solides munis de couvercles bien assujettis et d'anses, et garnis d'une quantité suffisante de matières d'emballage ; le couvercle, consistant en paille, joncs, roseaux ou autres matières analogues, doit être imprégné de lait d'argile ou de chaux ou d'une autre substance équivalente, mélangé avec du verre soluble. Le poids brut du colis ne doit pas dépasser 40 kilogrammes.

---

(1) Le texte ici reproduit est le texte même de l'Annexe 1 des Dispositions réglementaires de la Convention de Berne, sauf les additions ou modifications qui y ont été apportées et qui sont imprimées en italique.

2° Les vases qui se détérioreront pendant le transport seront immédiatement déchargés et vendus avec le contenu qui y sera resté, au mieux des intérêts de l'expéditeur.

3° Le transport n'a lieu que sur des wagons découverts. Si les opérations du passage en douane exigeaient des wagons munis de bâches plombées, le transport ne serait pas accepté.

4° Les dispositions du chiffre 3 qui précèdent sont aussi applicables aux tonneaux et autres récipients dans lesquels ces matières ont été transportées. Ces récipients doivent toujours être déclarés comme tels.

5° Quand ces produits sont livrés au transport en quantités ne dépassant pas 10 kilogrammes par espèce, il est permis de *les* réunir en un colis, tant entre eux qu'avec d'autres objets admis au transport sans conditions.

Ces corps, renfermés dans des flacons de verre ou de fer-blanc, doivent être emballés solidement par couches au moyen de paille, foin, son, sciure de bois, terre fossile ou autres substances meubles, et être désignés nominativement dans la lettre de voiture.

6° Au chargement et au déchargement, les paniers ou cuveaux contenant des ballons en verre ne doivent pas être transportés sur des camions, ni portés sur les épaules ou le dos, mais seulement par les anses.

7° Dans les wagons, les paniers et cuveaux doivent être solidement assujettis et attachés aux parois du wagon. Les colis ne doivent pas être chargés l'un sur l'autre, mais l'un à côté de l'autre et sans superposition.

8° Chaque colis isolé ainsi que les cuveaux ou paniers arrimés doivent porter sur une étiquette apparente, avec le mot « inflammable » imprimé sur fond rouge, les mots « à porter à la main ». Les wagons devront être munis d'une étiquette rouge portant l'inscription « A manœuvrer avec précaution ».

9° Il doit être indiqué sur la lettre de voiture que les objets désignés dans le premier alinéa du présent numéro ont un poids spécifique de moins de 0,780 et de plus de 0,680 à une température de 17°5 Celsius. Quand cette indication ne se trouve pas dans la lettre de voiture, l'on appliquera les conditions de transport concernant l'essence de pétrole, etc...

3° Essence de pétrole (§ XXII de l'Annexe 1) (1) (gazoline, néoline, etc...) et autres produits similaires facilement inflammables, extrait de naphte, de pétrole ou de goudron de lignite et dont le poids spécifique n'est pas supérieur à 0,680 à la température de 17°5 (centigrade).

L'essence de pétrole (gazoline, néoline, etc.) et les autres produits facilement inflammables préparés avec du pétrole-naphte ou du goudron de lignite, lorsque ces

---

(1) Le texte ici reproduit est le texte même de l'Annexe 1 des Dispositions réglementaires de la Convention de Berne, sauf les additions ou modifications qui y ont été apportées et qui sont imprimées en italique.

matières ont un poids spécifique du 0,680 au moins à une température de 17° 5 Celsius.

Les produits précités sont soumis aux conditions suivantes :

1° Ces objets ne peuvent être transportés que :

a. dans des vases en métal étanches et capables de résister,

ou, *b*. dans des vases en verre *ou en grès ; en ce cas*, toutefois, en observant les prescriptions ci-dessous indiquées :

aa. Quand plusieurs vases sont réunis en un colis, ils doivent être emballés solidement dans de fortes caisses de bois garnies de paille, de foin, de son, de sciure de bois, de terre fossile ou autres substances meubles ;

bb. Quand les vases sont emballés isolément, l'envoi est admis dans des paniers ou cuveaux solides munis de couvercles bien assujettis et d'anses, et garnis d'une quantité suffisante de matière d'emballage ; le couvercle consistant en paille, joncs, roseaux ou matières analogues doit être imprégné de lait d'argile ou de chaux ou d'une autre substance équivalente, mélangé avec du verre soluble. Le poids brut du colis isolé ne doit pas dépasser 40 kilogrammes,

ou, *c*. *dans des wagons-citernes parfaitement étanches.*

2° Les vases qui se détérioreront pendant le transport seront immédiatement déchargés et vendus avec le contenu qui y sera resté, au mieux des intérêts de l'expéditeur.

3° Le transport n'a lieu que sur des wagons découverts. Si les opérations du passage en douane exigeaient des wagons munis de bâches plombées, le transport ne serait pas accepté.

4° Les dispositions du n° 3 qui précèdent sont aussi applicables aux tonneaux et autres récipients dans lesquels ces matières ont été transportées. Ces récipients doivent toujours être déclarés comme tels.

5° Quand ces produits sont livrés au transport en quantités ne dépassant pas 10 kilogrammes par espèce, il est permis de *les* réunir en un colis, tant entre eux qu'avec d'autres objets admis au transport sans conditions. Ces corps, renfermés dans des flacons de verre ou de fer-blanc, doivent être emballés solidement par couches au moyen de paille, foin, son, sciure de bois, terre fossile ou autres substances meubles, et être désignés nominativement dans la lettre de voiture.

6° Au chargement et au déchargement, les paniers ou cuveaux contenant des ballons en verre ne doivent pas être transportés sur des camions, ni portés sur les épaules ou le dos, mais seulement par les anses.

7° Dans les wagons, les paniers et cuveaux doivent être solidement assujettis et attachés aux parois du wagon. Les colis ne doivent pas être chargés les uns sur les autres, mais l'un à côté de l'autre et sans superposition.

8° Chaque colis isolé ainsi que les paniers ou cuveaux arrimés doivent porter sur une étiquette apparente, avec le mot « inflammable » imprimé sur fond rouge, les mots « à porter à la main ». Les wagons devront être munis d'une étiquette rouge portant l'inscription « A ranger avec précaution ».

4° **Levure liquide ou solide (§ XXVII de l'Annexe 1)** (1).

En règle générale, la levure, liquide ou solide, ne sera reçue que dans des vases qui ne sont pas fermés hermétiquement.

Si néanmoins le chemin de fer consent à accepter la levure dans des récipients entièrement clos, il a le droit d'exiger de l'expéditeur l'engagement :

1° De ne soulever aucune réclamation dans les cas où les envois de l'espèce ne seraient pas acceptés sur les lignes des chemins de fer correspondants;

2° D'assumer la responsabilité pour tous dommages qui pourraient survenir à d'autres marchandises ou au matériel de transport par suite du mode d'emballage; le cas échéant, le montant de ces dommages tel qu'il aura été fixé par le chemin de fer devra être reconnu par l'expéditeur sans contestation;

3° De ne réclamer aucune indemnité du chef des avaries causées aux récipients ou de l'écoulement de leur contenu.

5° **Noir de fumée et suie (voir § XXVIII de l'Annexe 1).**

Le noir de fumée et les autres espèces de suie en poudre doivent être renfermés dans des emballages offrant toute garantie contre le tamisage (sacs, tonneaux, caisses, etc....).

Si la suie est fraîchement calcinée, elle doit être renfermée dans des tonneaux ou autres récipients placés dans de solides paniers et tapissés intérieurement de papier, de toile ou d'une autre matière analogue.

La lettre de voiture doit mentionner si la suie est fraîchement calcinée ou non. A défaut de cette indication, la suie est traitée comme si elle était fraîchement calcinée.

6° **Cartouches métalliques et cartouches en carton garnies intérieurement d'un revêtement métallique jusqu'à hauteur de la charge de poudre.**

Les cartouches métalliques et cartouches en carton garnies intérieurement d'un revêtement métallique jusqu'à hauteur de la charge de poudre sont admises au transport aux conditions suivantes :

A. — Pour les cartouches métalliques, les projectiles doivent être adaptés à la douille métallique de façon qu'ils ne puissent ni s'en détacher ni permettre le tamisage de la poudre.

Pour les cartouches en carton, la charge entière de poudre contenue dans le revêtement métallique doit être fermée hermétiquement par une ou plusieurs bourres serrantes, de façon que la poudre ne puisse tamiser, même dans le cas où la cartouche serait brisée au-dessus du revêtement métallique.

---

(1) Le texte ici reproduit est le texte même de l'Annexe 1 des Dispositions réglementaires de la Convention de Berne, sauf les additions ou modifications qui y ont été apportées et qui sont imprimées en italique.

B. — Les cartouches devront être parfaitement assujetties dans des récipients en fer-blanc ou en carton solide. Ces récipients seront placés dans de très fortes caisses en bois dont les parois auront au moins 0 m. 018 d'épaisseur ; les espaces vides devront, le cas échéant, être remplis de carton, de déchets de papier ou d'étoupes, de manière à éviter un déplacement ou un mouvement des récipients durant le transport.

C. — Le poids maximum brut d'une caisse ne pourra dépasser 100 kilogrammes.

Les caisses pesant brut plus de 10 kilogrammes seront munies de poignées ou de liteaux pour en faciliter la manutention.

D. — Les caisses ne pourront pas être fermées au moyen de clous en fer ; elles devront porter une inscription indiquant d'une manière apparente la nature du contenu et être munies de plombs.

E. — Les lettres de voiture devront être accompagnées d'une attestation, signée par l'expéditeur, et reproduisant la marque des plombs apposés sur les caisses.

Cette attestation devra être conçue comme suit :

« Le soussigné certifie que les conditions réglementaires prévues au n° 6 de la
« Convention spéciale passée le.................... 1893, entre la Belgique,
« la France, le Luxembourg et les Pays-Bas, pour le transport des marchandises
« par le chemin de fer, ont été observées en tous points pour l'envoi indiqué à la
« lettre de voiture ci-jointe et portant la marque..... sur le plomb. »

7° Pièces d'artifice.

Les pièces d'artifice sont admises au transport sur le territoire de chaque État où leur transport est autorisé, à charge de se conformer aux règlements intérieurs de chaque État, existants ou à intervenir.

8° Gaz liquéfiés (acide carbonique, protoxyde d'azote, ammoniaque et chlore).

1° Ces produits ne sont admis au transport que renfermés dans des récipients en fer ou en acier, qui doivent :

a. Avoir supporté à l'épreuve officielle, épreuve à renouveler au moins tous les trois ans pour l'acide carbonique, le protoxyde d'azote et l'ammoniaque, et au moins tous les ans pour le chlore, une pression intérieure telle qu'elle est déterminée au paragraphe 2° ci-après, sans avoir subi une déformation persistante ou des fissures ;

b. Porter une marque officielle, placée à un endroit bien apparent, qui indique le poids du récipient vide (y compris la soupape avec la chape ou le bouchon), la charge en kilogrammes qu'il peut recevoir en conformité des dispositions du paragraphe 2°, ainsi que la date de la dernière épreuve ;

c. Être munis de chapes vissées aux récipients et destinées à protéger les soupapes ; ces chapes doivent être du même métal que les récipients.

Les récipients doivent être pourvus d'une garniture extérieure qui les em pêche de rouler.

2° La pression intérieure à faire supporter par les récipients à chaque épreuve et le maximum de charge admissible sont fixés comme suit :

a. Pour l'acide carbonique et le protoxyde d'azote, à 250 atmosphères et 1 kilogramme de liquide par 1,34 litre de capacité du récipient. Par exemple, un récipient de la capacité de 13,40 litres d'eau ne peut contenir plus de 10 kilogrammes d'acide carbonique ou de protoxyde d'azote liquides ;

b. Pour l'ammoniaque, à 100 atmosphères et 1 kilogramme de liquide par 1,86 litre de capacité du récipient ;

c. Pour le chlore, à 50 atmosphères et 1 kilogramme de liquide par 0,9 litre de capacité.

3° Les récipients contenant des gaz liquéfiés ne peuvent être jetés, ni être exposés aux rayons du soleil ou à la chaleur du feu.

4° Le transport de ces articles ne peut avoir lieu que dans des wagons fermés ou bien dans des wagons réservoirs spécialement aménagés à cet effet et dont le récipient doit être revêtu, le cas échéant, d'une caisse en bois.

9° Chlorure de méthyle.

Cet article ne peut être transporté que dans des récipients en tôle de fer ou d'acier parfaitement étanches et hermétiquement fermés, timbrés par l'autorité compétente à 12 atmosphères et chargés sur wagons découverts.

Pendant les mois d'avril à octobre inclus, les envois doivent être recouverts de bâches fournies par l'expéditeur.

10° Préparations formées d'un mélange d'huile de térébenthine ou d'alcool avec de la résine, telles que les vernis à l'alcool et les siccatifs.

1° Lorsque ces préparations sont expédiées en touries, bouteilles ou cruchons, les récipients doivent être fermés hermétiquement et être bien emballés dans des caisses ou des paniers munis de solides poignées.

Si les récipients sont en métal, en bois ou en caoutchouc, ils doivent être parfaitement étanches et bien fermés.

2° Les préparations composées d'huiles de térébenthine et de résine qui répandent une mauvaise odeur ne peuvent être transportées que sur des wagons découverts.

3° Quand ces préparations sont livrées au transport en quantité ne dépassant pas 10 kilogrammes par espèce, il est permis de les réunir en un colis, tant entre elles qu'avec d'autres objets admis au transport sans conditions. Ces substances, renfermées dans des flacons de verre ou de fer-blanc, doivent être emballées solidement par couches au moyen de paille, foin, son, sciure de bois, terre fossile ou autres substances meubles, et être désignées nominativement dans la lettre de voiture.

11° Papier graissé ou huilé et fuseaux faits de ce papier.

Ces articles ne peuvent être expédiés qu'en wagons fermés ou en wagons découverts et bâchés.

12° Fumier et matières fécales.

Sont admis au transport par wagons complets et aux conditions suivantes :

1° Le fumier sec est expédié en vrac, dans des wagons découverts, bâchés au moyen d'agrès à fournir par l'expéditeur ;

2° Les matières fécales, y compris celles provenant des fosses d'aisances, ne peuvent être expédiées que dans des wagons-citernes parfaitement étanches ou dans des récipients très solides, hermétiquement fermés, bien étanches, et chargés sur des wagons découverts.

Dans tous les cas, les mesures nécessaires doivent être prises pour éviter, en cours de transport et lors du chargement et du déchargement, l'échappement des matières et des liquides ainsi que le dégagement d'odeurs méphitiques.

3° Le chemin de fer est en droit d'exiger le paiement du prix de transport au moment de la remise à l'expédition.

4° Les frais de désinfection sont à la charge de l'expéditeur ou du destinataire.

Ces transports restent d'ailleurs soumis aux règlements en vigueur sur le territoire de chacun des États contractants.

Le guano et les engrais artificiels sont admis au transport sans aucune condition spéciale.

13° Caillettes de veau fraîches.

Sont admises au transport dans des récipients étanches et aux conditions ci-après :

1° Les caillettes doivent être débarrassées de tout restant d'aliment et être salées, de telle sorte qu'il soit employé 15 à 20 grammes de sel de cuisine par caillette.

2° Une couche de sel d'environ 1 centimètre d'épaisseur doit être répandue, en outre, au fond des récipients servant d'emballage ainsi que sur la couche supérieure des caillettes.

3° La lettre de voiture doit contenir une déclaration de l'expéditeur spécifiant que les paragraphes 1 et 2 ont été observés.

4° Le chemin de fer peut exiger que le prix de transport soit payé au départ.

5° Les frais de désinfection éventuelle du wagon tombent à la charge de l'expéditeur ou du destinataire.

Art. 2.

L'admission au transport, sous certaines conditions, de marchandises exclues par le 4° du paragraphe premier des Dispositions réglementaires de la Convention de Berne, — ou la concession de conditions moins rigoureuses que celles stipulées pour les marchandises admises conditionnellement par l'Annexe 1 desdites Dispositions réglementaires ou par la présente Convention, — pourront faire l'objet de tarifs communs entre deux ou plusieurs Compagnies ou Administrations de chemins de fer.

Ces tarifs communs seront élaborés par voie d'entente directe entre les Compagnies ou Administrations à ce dûment autorisées.

Lesdits tarifs seront soumis à l'approbation des autorités auxquelles sont confiées, dans chaque État, l'homologation ou la fixation des tarifs et la surveillance des chemins de fer. Ils ne pourront être rendus exécutoires que lorsque l'approbation de tous les États sur le territoire desquels lesdits tarifs devront être appliqués aura été notifiée aux Compagnies ou Administrations intéressées.

Art. 3.

La présente Convention sera soumise à la ratification des États contractants aussitôt que faire se pourra ; elle entrera en vigueur un mois après la date de l'échange des actes de ratification.

En foi de quoi, les Délégués respectifs ont dressé le présent procès-verbal final et y ont apposé leurs signatures.

Fait à Paris, le 20 janvier 1893.

<table>
<tr><td>A. DUBOIS.
VAN MIERLO.
DUSART.
L. GEORGE.
C. BAUME.
A. SARTIAUX.</td><td>FRANCK.

RYPERMAN.
BAKE.
FROGER.</td></tr>
</table>